BEI GRIN MACHT SICH IHR WISSEN BEZAHLT

AF141658

- Wir veröffentlichen Ihre Hausarbeit, Bachelor- und Masterarbeit

- Ihr eigenes eBook und Buch - weltweit in allen wichtigen Shops

- Verdienen Sie an jedem Verkauf

Jetzt bei www.GRIN.com hochladen und kostenlos publizieren

Johannes Michl

Diskussion der Konzepte, Chancen und Risiken von „Trusted Cloud" unter Berücksichtigung der IT-Sicherheit

GRIN Verlag

Bibliografische Information der Deutschen Nationalbibliothek:

Die Deutsche Bibliothek verzeichnet diese Publikation in der Deutschen National-
bibliografie; detaillierte bibliografische Daten sind im Internet über http://dnb.d-
nb.de/ abrufbar.

Impressum:

Copyright © 2012 GRIN Verlag GmbH
Druck und Bindung: Books on Demand GmbH, Norderstedt Germany
ISBN: 978-3-656-97001-9

Dieses Buch bei GRIN:

http://www.grin.com/de/e-book/300858/diskussion-der-konzepte-chancen-und-
risiken-von-trusted-cloud-unter

GRIN - Your knowledge has value

Der GRIN Verlag publiziert seit 1998 wissenschaftliche Arbeiten von Studenten, Hochschullehrern und anderen Akademikern als eBook und gedrucktes Buch. Die Verlagswebsite www.grin.com ist die ideale Plattform zur Veröffentlichung von Hausarbeiten, Abschlussarbeiten, wissenschaftlichen Aufsätzen, Dissertationen und Fachbüchern.

Besuchen Sie uns im Internet:

http://www.grin.com/

http://www.facebook.com/grincom

http://www.twitter.com/grin_com

Kritische Diskussion der Konzepte, Chancen und Risiken von „Trusted Cloud" des" Bundesministeriums für Wirtschaft und Technologie" unter spezieller Berücksichtigung der IT-Sicherheit

IT-Sicherheit
Hochschule Deggendorf
Bachelor Wirtschaftsinformatik

Johannes Michl
Datum: 01.06.2012

Inhaltsverzeichnis

1. Einleitung

Cloud Computing spielt heutzutage eine immer dominantere Rolle im Bereich der Informationstechnologie. Die Möglichkeiten dieser Dienste für Privatpersonen und für Unternehmen scheinen unbegrenzt.

Sogar das Bundesministerium für Wirtschaft und Technologie (BMWi) hat seine Wichtigkeit erkannt und ein Technologieprogramm namens „Trusted Cloud" ins Leben gerufen. „Ziel dieses Programms ist die Entwicklung und Erprobung innovativer, sicherer und rechtskonformer Cloud Computing-Lösungen" [Trusted Cloud – Auf einen Blick, 01.06.2012]. Darüber hinaus setzt sich das BMWi europaweit für eine Normierung und Standardisierung des Cloud Computings ein.

Doch was genau verbirgt sich hinter Cloud Computing? Welchen Nutzen und, was noch viel wichtiger ist, welche Risiken birgt dieses Konzept? Diese und weitere Fragen sollen im Rahmen der vorliegenden Studienarbeit geklärt werden.

In den folgenden Kapiteln werden die für diese Studienarbeit wichtigen Begriffe definiert und die Servicekonzepte sowie die organisatorischen Grundlagen des Cloud Computings erläutert. Dies ist notwendig, um die im Anschluss ausgeführte Analyse und die Risikobewertung eines ausgewählten Cloud Computing Anbieters besser nachvollziehen zu können.

2. Methodik

Für die Erstellung dieser Studienarbeit, wurde primär konkrete Fachliteratur verwendet, die sich im Anhang in einer alphabetischen Auflistung wiederfindet. Weiteres Wissen wurde von vertrauenswürdigen Internetseiten bezogen, welche unter Anderem zur Bereitstellung von Grafiken verwendet wurden. Darüber hinaus diente der Cloud Computing Service Dropbox dazu einen praktischen Einblick in die Theorie zu erhalten. Zuletzt wurde Kontakt zu einem Mitarbeiter von Dropbox aufgenommen, der Stellung zu den Sicherheitsaspekten bezog. Die Resultate der Analyse dieses Dienstes fließen dann in die allgemeine Risikobewertung mit ein.

3. Cloud Computing Grundlagen

3.1 Begriffsdefinition Cloud Computing

Die Begriffsdefinition des Cloud Computing stellt im Allgemeinen ein großes Problem dar. In der Literatur wird dieses Thema sehr vorsichtig angegangen. So fällt auf, dass manche Fachbücher es sogar vermeiden eine Definition für Cloud Computing anzugeben. Vielmehr beschreiben diese Bücher die Charakteristiken des Cloud Computings, woraus sich ableiten lässt dass sich auch IT-Experten noch nicht auf eine allumfassende Definition dieses vielfältigen Konzepts einigen konnten. Im Folgenden gilt es zumindest einige Erklärungsansätze einzuführen, um das Cloud Computing grundsätzlich zu bestimmen.

„Cloud Computing bedeutet einen echten Paradigmenwechsel hinsichtlich der Art und Weise, wie IT und IT-gestützte Services von Unternehmen bereitgestellt und genutzt werden können. Cloud Computing zeichnet sich durch ein hohes Maß an Skalierbarkeit, Bedienungskomfort und Flexibilität aus" [Cloud Computing mit IBM – Plan, Build & Deliver, 17.05.2012].

„Cloud computing is a model for enabling ubiquitous, convenient, on-demand network access to a shared pool of configurable computing resources (e.g., networks, servers, storage, applications, and services) that can be rapidly provisioned and released with minimal management effort or service provider interaction. This cloud model is composed of five essential characteristics, three service models, and four deployment models" [National Institute of Standards and Technology, 22.05.2012].

„Cloud Computing ist ein auf Virtualisierung basierendes IT-Bereitstellungsmodell, bei dem Ressourcen sowohl in Form von Infrastruktur als auch Anwendungen und Daten als verteilter Dienst über das Internet durch einen oder mehrere Leistungserbringer bereitgestellt wird. Diese Dienste sind nach Bedarf flexibel skalierbar und können verbrauchsabhängig abgerechnet werden"
[Böhm et. al., 2009, S.8].

3.2 Basistechnologien

Cloud Computing ist keiner neuartigen Technologie zu verdanken. Es ist vielmehr als das Zusammenfließen von bereits bestehenden Konzepten und Techniken zu bezeichnen. Diese werden in den folgenden Unterpunkten kurz beschrieben, um ein besseres Verständnis für die Entwicklung des Cloud Computings zu erhalten.

3.2.1 Grid Computing

Die Technik des Grid Computing kommt aus dem Bereich des High Performance Computing und entstand 1997 am Argonne National Laboratory. Mit Hilfe dieser Vorgehensweise ist man in der Lage eine Art „virtuellen Supercomputer" zu erzeugen. Dies geschieht durch die Kombination der Rechenleistung von miteinander verbundenen Computern [Vgl. Foster et la., 2003, S.12 ff]. Die Möglichkeit der verteilten Rechenleistung hat eine ganze Reihe von Vorteilen.

Zu den größten Stärken des Grid Computing zählen seine Flexibilität und seine Elastizität. Dank dieses Prinzips können Ressourcen dort eingesetzt werden, wo sie am meisten benötigt werden. Auch ist durch die Ortsunabhängigkeit der miteinander verbunden Rechner ein dynamisches Arbeiten möglich. Des Weiteren entsteht eine Kosteneinsparung für Organisationen, da die vorhandene Rechenleistung effizient und zielgerichtet eingesetzt werden kann, wobei dies in der Entwicklungsphase nur eine untergeordnete Bedeutung hatte.

Cloud Computing hat viele dieser Vorzüge für seine eigenen Zwecke eingesetzt. So basiert die grundsätzliche Systemarchitektur auf dem Grid Computing Ansatz. „Grids und Clouds folgen dem Konzept, IT „as a Service" zur Verfügung zu stellen" [Weber et al., 2009, S.70].

3.2.2 Utility Computing

Das Konzept des Utility Computing kommt aus dem Bereich des Business Computing und wurde bereits Anfang der 60er Jahre entwickelt. Es handelt sich hierbei weniger um ein technisches Konzept als vielmehr um ein Geschäftsmodell.

Bei diesem Geschäftsmodell werden Computerressourcen von einem Service Provider zur Verfügung gestellt. Die Besonderheit hierbei ist, dass der Provider ausschließlich die aktuell benötigten Ressourcen zur Verfügung stellt, was auch bei der Rechnungsstellung berücksichtigt wird. So wird nur für das bezahlt was gerade verbraucht wurde, ein Konzept das sich im Fachjargon „Pay as you go" nennt.

Auch diese Idee wurde für das Cloud Computing übernommen.
Somit haben Cloud Computing Lösungen einen positiven wirtschaftlichen Effekt für ihre Anwender. Es sind große Kosteneinsparungen möglich, weil Dienste flexibel bereitgestellt und genutzt werden können.

3.3 Die Servicekonzepte des Cloud Computing

Dieses Thema wird ähnlich kontrovers diskutiert wie die Definition von Cloud Computing. So sind sich die verschiedenen Autoren nicht einig darüber wie viele Servicebereiche es gibt. Im Großen und Ganzen lässt sich aber zwischen drei grundlegenden Schichten unterscheiden, die es im Nachfolgenden zu erläutern gilt.

3.3.1 Infrastructure as a Service (IaaS)

„Infrastructure as a Service" impliziert, wie der Name schon sagt, nicht etwa das Kaufen von IT-Infrastruktur, sondern das Mieten. So wird Rechen- und Speicherleistung je nach Bedarf von einem Anbieter zur Verfügung gestellt. Diese Ressourcen werden dann über virtuelle Server angeboten, die beliebig genutzt, konfiguriert und skaliert werden können. Die meisten Anbieter verfahren mit einer nutzungsbasierten Abrechnung nach einem monatlichen Serviceplan oder dem „Pay as you go" Modell.

Somit ist es nicht länger notwendig aufwändige Serverkonstruktionen zu planen und zu unterhalten, was eine enorme Einsparung an Zeit, Hardware und an Kosten insgesamt zur Folge hat.

Folgend finden Sie einige „Infrastructure as a Service"-Angebote aufgelistet.

Organisation	Cloud-Dienst	Referenz	Beschreibung
Amazon	Elastic Compute Cloud (EC2)	[40]	Virtuelle Server
Amazon	Dynamo	[12]	Speicherung von Schlüssel-Wert-Paaren
Amazon	Simple Storage Service (S3)	[46]	Massenspeicher
Amazon	SimpleDB	[47]	Datenbank as a Service (DaaS)
Amazon	CloudFront	[36]	Content Distribution Network (CDN)
Amazon	SQS	[48]	Nachrichten-Warteschlangen
AppNexus	AppNexus Cloud	[57]	Virtuelle Server
Bluelock	Virtual Cloud Computing	[60]	Virtuelle Server
Bluelock	Virtual Recovery	[60]	Wiederherstellung virtueller Server bei Störungen
Cloud.com	CloudStack	[65]	Open Source IaaS
Dropbox	Dropbox Cloud Storage	[69]	Massenspeicher
Emulab	Emulab Network Testbed	[16]	Emulation logischer Netzwerke für Experimente
ENKI	Virtual Private Data Centers	[73]	Bedarfsgerechte Bereitstellung virtueller Rechenzentren
Reservoir	Open Nebula	[26]	Open Source virtuelle Server-Pools
FlexiScale	FlexiScale Cloud Computing	[76]	Virtuelle Server
GoGrid	Cloud Hosting	[82]	Virtuelle Server

Abb. 1: IaaS-Anbieter

3.3.2 Platform as a Service (PaaS)

Bei „Platform as a Service" handelt es sich um die nächst höhere Ebene nach IaaS. Zusätzlich zu den Komponenten des IaaS stellt nun „Platform as a Service" Entwicklungsumgebungen in Form von Frameworks bereit. Elemente dieser Umgebung sind Middleware, Datenbanken und Merkmale der Anwendungssoftware.

Diese Dienste richten sich meist an Softwareentwickler. So erhalten diese die Möglichkeit, in definierten Umgebungen Programme zu schreiben und zu testen. Außerdem heben sich Plattformen durch die Verwendung einer großen Bandbreite von Programmiersprachen hervor. Zum Beispiel ist unter der Cloud-Plattform Windows Azure das Programmieren unter Anderem in .Net, Node.js, Java und PHP möglich. [Windows Azure, Developer Center, 18.05.2012]

Laut Weber können sich Entwickler und Architekten in Zukunft stärker auf die Implementierung der Geschäftslogik und der Benutzerschnittstellen konzentrieren, da die tieferliegenden IT-Fähigkeiten der Anwendungsarchitektur und -Infrastruktur über technische Frameworks als Service von Cloud-Anbietern bereitgestellt werden können. [Vgl. Weber et al., 2009, S.26]

Die folgende Tabelle nennt die relevantesten Anbieter für PaaS.

Organisation	Cloud-Dienste	Referenz	Beschreibung
Akamai	EdgePlatform	[35]	Content, Site, Application Delivery
Facebook	Facebook Platform	[75]	Umgebung für Anwendungen im sozialen Netzwerk Facebook
Google	App Engine	[85]	Skalierbare Ausführungsumgebung für Web-Anwendungen
Microsoft	Azure	[59]	Entwicklungs- und Ausführungsumgebung für Windows Anwendungen
Microsoft	Windows SkyDrive	[103]	Plattform zum Datenabgleich zwischen heterogenen Endgeräten
NetSuite	SuiteFlex	[106]	Werkzeug zur Geschäftsprozessentwicklung in NetSuite
Salesforce	Force.com	[78]	Entwicklung und Betrieb von Erweiterungen des Salesforce-CRM
Sun	Project Caroline	[61]	Entwicklung und Betrieb von verteilten Web-Anwendungen
Zoho	Zoho Creator	[142]	Entwicklung und Betrieb Datenbank-basierter Web-Anwendungen

Abb. 2: IaaP-Anbieter

3.3.3 Software as a Service (SaaS)

Bei dem „Software as a Service Modell", stellt ein Anbieter einem Kunden gewünschte Anwendungen über öffentliche Netze bereit, welche für den tatsächlichen Endnutzer bestimmt sind. Der Service-Provider übernimmt sowohl die Wartung als auch die Administration. Die Basis für dieses Konzept stellen die beiden zuvor beschriebenen Schichten dar, das Iaas und das Paas, wodurch eine Kombination aus IT-Infrastruktur und Anwendungen entsteht.

Die freie Enzyklopädie Wikipedia führt zu diesem Thema einen sehr einleuchtenden und lebensnahen Vergleich ein. Hierbei wird der SaaS-Ansatz mit der Strombereitstellung eines Energieversorgungsunternehmens verglichen. Der Kunde erhält je nach Bedarf Strom aus der Steckdose. Jedoch ist es nicht notwendig Stromaggregate am jeweiligen Nutzungsort bereitzustellen, denn der Energielieferant übernimmt für ihn die Stromerzeugung. Letztendlich nutzt der Verbraucher ausschließlich den Strom und entrichtet dafür eine nutzungsabhängige Gebühr. [Wikipedia, Cloud Computing, 20.05.2012]

Weber et al. erläutert unter Anderem den Vorteil des 1:n-Ansatzes dieser Architektur. Hier nutzen alle Kunden dieselben Anwendungen und Infrastrukturen, die sich bei einem Dienstleister befinden. Änderungen und Erweiterungen wie Updates und Upgrades müssen somit nur einmal vorgenommen werden, da sie alle Kunden betreffen. [Vgl. Weber et al., 2009, S.27]

Die folgende Tabelle gibt eine Übersicht über die aktuellen Anbieter von SaaS.

Organisation	Cloud-Dienste	Referenz	Beschreibung
Adobe	Photoshop Express	[34]	Online Bildbearbeitung
fluidOps	eCloudManager SAP Edition	[77]	SAP Landscape as a Service
Google	Google Docs	[88]	Online Office Anwendungen
Google	Google Maps API	[90]	Dienst zur Integration von Landkarten und geographischen Informationen
Google	OpenSocial	[115]	Übergreifende Programmierschnittstelle zur Integration sozialer Netze in Anwendungen
OpenID Foundation	OpenID	[113]	Verteiltes System zur Verwaltung systemübergreifender Benutzeridentitäten
Microsoft	Windows Live	[103]	Online Office Anwendungen
Salesforce	Salesforce.com	[125]	Erweiterbares CRM-System

Abb. 3: IaaS-Anbieter

Weitere Dienste entwickelten sich aus den oben angeführten Servicekonzepten. So gibt es beispielsweise Storage as a Service, High Performance Computing as a Service, Landscape as a Service und Security as a Service. Dies sind natürlich nur einige ausgewählte Beispiele aus der breiten Palette von Angeboten.

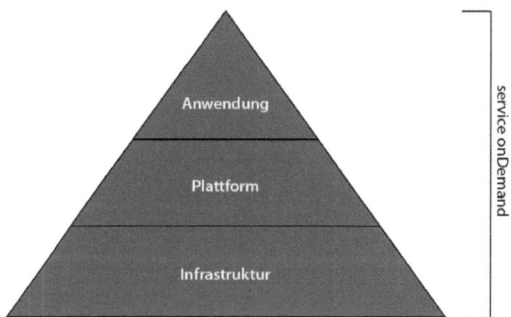

Abb. 4: Grundlegende Servicekonzepte

3.4 Organisationsformen

Für den Anwender von Cloud Computing Diensten sind verschiedene organisatorische Möglichkeiten der Verwirklichung vorhanden. So kann man aber laut Weber et al. zwischen zwei generellen Organisationsformen unterscheiden, und zwar zwischen der Public Cloud und der Private Cloud [Vgl. Weber et al., 2009, S.29]. Beide Ausprägungen unterscheiden sich nicht aufgrund technischer Gegebenheiten, sondern vielmehr aufgrund von organisatorischen Grundlagen. Des Weiteren stellt die Hybrid Cloud eine Kombination aus Public und Private

Cloud dar. Für welches Modell man sich schlussendlich entscheidet hängt von den gestellten Anforderungen der Organisation ab.

3.4.1 Public Cloud

Die Public Cloud (oder auch External Cloud) zeichnet sich dadurch aus, dass der Kunde die Cloud-Dienste von einem externen Service Provider zur Verfügung gestellt bekommt. Somit ist die Cloud Umgebung Eigentum des IT-Dienstleisters.

Auf die Public Cloud erfolgt der Zugriff normalerweise über das Internet. Kunden teilen sich daher eine virtualisierte Infrastruktur. Auf Aspekte wie den physischen Ort der Datenhaltung, Compliance und Sicherheit hat der Nutzer normalerweise keinen Einfluss. Dies ist auch der Grund, warum Public Clouds in der Literatur als unsicher eingestuft werden.

3.4.2 Private Cloud

Wem das Konstrukt der Public Cloud zu unsicher ist und wer seine Daten nicht einem externen IT-Dienstleister anvertrauen möchte, der hat die Möglichkeit sich der Private Cloud (oder auch Internal Cloud) zu bedienen. Hier ist die Organisation im Besitz der IT-Infrastruktur und ist eigens für Verwaltung und Planung zuständig. Die Ressourcen können den Anwendern wie gewohnt nach dem Prinzip des Cloud Computings flexibel zugewiesen werden. Wichtig ist es hier zu betonen, dass man unter „Anwendern" die Anwender der einzelnen Organisation zu verstehen hat. Somit teilen sich nicht mehrere Organisationen die gleichen Ressourcen. Der Zugriff geschieht in der Regel über das Intranet.

Vorteile dieses Modells sind schnell gefunden. Die Daten scheinen auf den organisationseigenen Servern weitaus sicherer zu sein als bei einem externen Anbieter. Des Weiteren kann bei hardwareseitigen Problemen direkt darauf zugegriffen werden und eine Überprüfung kann stattfinden.
Darüber hinaus ist eine individuelle Anpassung auf die Bedürfnisse der Organisation möglich, da man sich die IT-Ressourcen, wie schon weiter oben angesprochen, nicht mit Anderen teilen muss. [Vgl. Weber et al., 2009, S.30 ff]

Ein großer Nachteil der Private Cloud gegenüber der Public Cloud Lösung ist jedoch der hohe Kostenfaktor, welcher durch das Betreiben und Verwalten der nötigen Hardware zu Stande kommt.

Ob man nun das Konzept der Private Cloud vorzieht oder das der Public Cloud, bleibt der persönlichen Präferenz überlassen. Faktoren, die eine Entscheidung beeinflussen können, sind hierbei die Sensibilität der Daten, das vorhandene Budget, das Know-How des Nutzers oder auch gewisse Sicherheitsaspekte.

3.4.3 Hybrid Cloud

Wer sich weder für eine Private Cloud noch für eine Public Cloud eindeutig entscheiden möchte, hat die Möglichkeit die Modelle miteinander zu kombinieren. Dies nennt sich „Hybrid Cloud".

So werden die eigenen Ressourcen aus der Private Cloud oder der traditionellen IT in der Regel verwendet. Bei Leistungsspitzen kann man zusätzliche IT-Ressourcen von der Public Cloud Beziehen.

Laut Weber et al. werden in der Zukunft meist sogenannte Mischformen anzutreffen sein, die aus Private Clouds, Public Clouds und traditioneller IT-Umgebung bestehen. Weiter sieht er die Herausforderung darin, diese Ansätze zu einer heterogenen Umgebung zu vereinheitlichen [Weber et al., 2009, S.30].

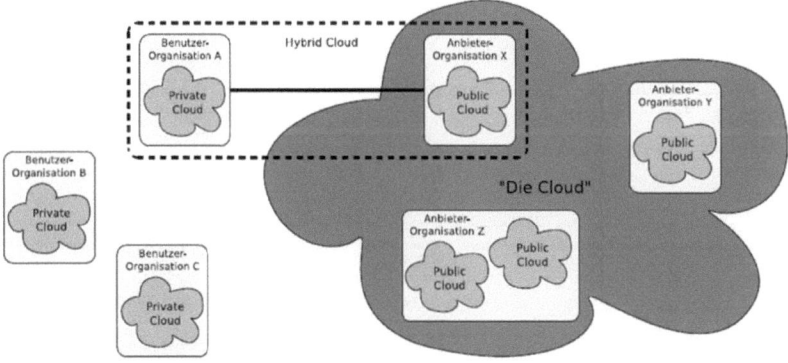

Abb. 5: Organisationsformen des Cloud Computings

4. Analyse des Cloud Computing Anbieters Dropbox

4.1 Allgemeines

Mit dem Wissen, welches in den vorangegangenen Kapiteln generiert wurde, sollte es nun möglich sein die Analyse eines Cloud Computing Providers zu versuchen und diesen schlussendlich kritisch zu bewerten.

Hierbei wird im weiteren Verlauf auf das US-amerikanische Unternehmen Dropbox genauer eingegangen. Dropbox, mit Firmensitz in San Francisco, wurde 2007 von Drew Houston und Arash Ferdowsi gegründet. Drew Houston war es, der die entscheidende Geschäftsidee hatte. Durch das Missgeschick eines vergessenen USB Sticks war es ihm nicht möglich auf wichtige Daten zuzugreifen.

So beschloss er eine Lösung für dieses Problem zu finden. Es sollte möglich sein ortsunabhängig über das Internet jederzeit auf seine Daten zugreifen zu können. So war die Idee der Dropbox geboren [Wikipedia, Dorpbox, 20.05.2012].

Dropbox enthält ausschließlich Cloud Dienste zur Bereitstellung von Massenspeicher, weshalb diese Dienste bei Infrastructure as a Service einzuordnen sind. Dabei gibt es verschiedene Ausprägungen. Dropbox bietet die Produktvarianten „Free", „Pro 50", „Pro 100" und „Teams" an [Dropbox-Preisübersicht, 01.06.2012].

Die Modelle „Free", „Pro 50" und „Pro 100" richten sich hauptsächlich an private Anwender, wobei sie sich lediglich anhand ihrer Speicherkapazität und ihres Preises unterscheiden. Mit der kürzlich erschienen „Teams"-Version möchte der Anbieter nun aber auch in den Geschäftsbereich vordringen. Zielgruppe sind mittelständische Unternehmen.

Im Jahr 2012 nutzen bereits weltweit 50 Millionen Menschen die Dienste von Dropbox.

4.2 Funktionsweise

Dropbox ist kompatibel mit den Betriebssystemen Windows, Mac OS X, Linus, IOS, Android, Blackberry und Simbian.

Nach Installation der Clientsoftware kann man auf dem Rechner einen lokalen Ordner Namens „Dropbox" vorfinden. Alle darin abgelegten Dateien werden direkt auf einen zentralen Server geladen insofern eine Internetverbindung besteht. Ein grüner Haken am Dateisymbol zeigt an, dass der Upload erfolgreich war. Diese Clientsoftware kann auf beliebigen Endgeräten installiert werden, die sich stetig automatisch miteinander synchronisieren.

Abb. 6: lokaler Dropbox Ordner

Es ist ebenso möglich sich über den Browser anzumelden und Daten in seine „Box" zu laden. Im Webbrowser hat man darüber hinaus den Vorteil, dass es dort möglich ist Daten mit anderen Mitgliedern von Dropbox oder auch Nicht-Mitgliedern zu teilen („sharing"). Zusätzlich verfügt man hier über die Funktion bereits gelöschte Daten wiederherstellen zu können. So bezeichnet der Dropbox-Anbieter selbst sein Konzept als „Zeitmaschine". Wie lange zurück gelöschte Daten wiederhergestellt werden können ist von der gewählten Produktvariante abhängig.

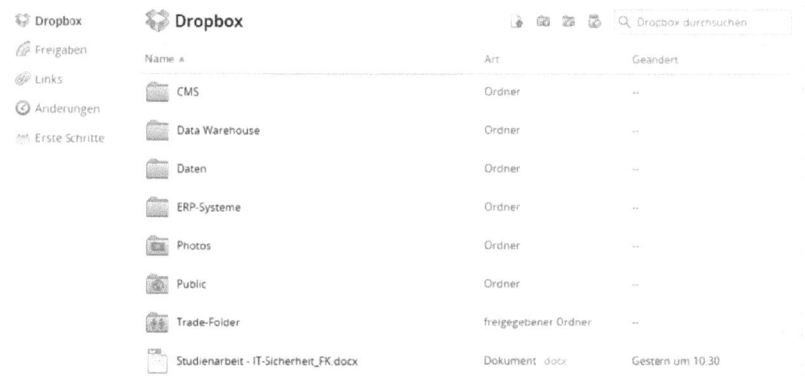

Abb. 7: Dropbox über Webbrowser

Sobald Änderungen innerhalb einer Datei vorgenommen werden, werden nur die geänderten Stellen neu übertragen. Die Datenübermittlung wird über eine SSL (Secure Socket Layer) Verschlüsselung realisiert.

Zu speichernde Daten werden auf dem Speicherservice S3 von Amazon abgelegt. Serverseitig werden die Dateien mit einer AES256-Verschlüsselung versehen. Jedoch können die Nutzer selbst für diese Verschlüsselung keinen eigenen Schlüssel festlegen. [Dropbox – Sicherheitsübersicht, 28.05.2012]

5. Risikobewertung von Dropbox aus Sicht der IT-Sicherheit

Im Rahmen der Risikobewertung sollte man auf mögliche Sicherheitslücken der Cloud Computing Dienste hinweisen. Zu diesem Zweck soll wieder der Anbieter Dropbox herangezogen werden um einen zusammenfassenden Einblick in die Sicherheitsvorkehrungen eines solchen Dienstes zu gewähren und diese zu bewerten.

5.1 Anmeldung

Bereits bei der Anmeldung fällt auf, dass Dropbox schwache Passwörter zulässt, da ist die einzige Voraussetzung das Eingeben von 6 Zeichen. Die Passwortstärke wird mit einem Balken, der von Rot (sehr unsicher) bis Grün (sehr sicher) reicht angezeigt. Zur erfolgreichen Registrierung ist außerdem eine E-Mail Adresse nötig.

Was weiterhin bei der Anmeldung auffällt ist, dass der User keine Nachricht über den Erfolg seiner Anmeldung bei Dropbox erhält und dadurch auch nicht gebeten wird den neuen Dropbox-Account freizuschalten. Somit ist es grundsätzlich möglich ein Dropbox Konto auf eine fremde oder ungültige E-Mail Adresse zu registrieren und sofort zu nutzen.

5.2 Client Software

Die Client Software zur Verwendung von Dropbox als lokalen Ordner stellt das nächste Sicherheitsproblem dar. So wird der Anwender bei der Installation lediglich einmal nach dem Benutzernamen (E-mail Adresse) und Passwort gefragt. Anschließend kann er ohne Einschränkungen auf diesen Ordner zugreifen ohne sich ein weiteres Mal authentifizieren zu müssen.

Dies wird durch eine Konfigurationsdatei realisiert. Zum einen birgt diese Vorgehensweise die Gefahr, dass jeder der auf diesen Rechner Zugriff hat frei und unbeschränkt über diesen Ordner verfügen kann. Zum anderen ist es sogar möglich die Konfigurationsdatei für die Dropbox zu kopieren und somit ein beliebiges Gerät dauerhaft hinzuzufügen.

Die Endgeräte die mit der Client Software verbunden sind können durch den Login über den Webbrowser eingesehen und gegebenenfalls gelöscht werden.

5.3 Verschlüsselung

Dropbox verwendet auf seinen Servern zur Verschlüsselung AES-256 (Advanced Encryption Standard), welcher ein hohes Maß an Sicherheit bietet. Leider wird meist nicht beachtet, dass es sich hierbei nur um eine serverseitige Verschlüsselung handelt. Dropbox bietet keine clientseitige Verschlüsselung an. Dies bedeutet, dass Daten im Klartext (ohne Verschlüsselung) auf dem Server ankommen. Diese Konstruktion lässt nun die Frage offen wie sicher diese Daten bis zur Verschlüsselung durch Dropbox sind.

Laut Kevin Chu, einem Mitarbeiter von Dropbox, können Angestellte keine Inhalt der Dateien einsehen, selbst dann nicht wenn ein Fehler gesucht wird. Es besteht lediglich der Zugang zu Metadaten wie zum Beispiel Dateinamen und Größe der Datei [Dropbox – Datenschutzrichtlinien, 25.05.2012].

In jedem Fall empfiehlt es sich als Anwender für die clientseitige Verschlüsselung selbst Sorge zu tragen. Ein Tool für diesen Zweck, welches sehr gut mit Dropbox funktioniert, ist zum Beispiel TrueCrypt.

5.4 Fazit

Im Großen und Ganzen kann Dropbox als ein verhältnismäßig sicherer Cloud Dienst eingestuft werden. So werden sowohl für die Datenübertragung mit SSL als auch die Speicherung mit AES-256 standardmäßige Verschlüsselungen verwendet.

Besonders hervorzuheben ist die Funktion des Wiederherstellens. So kann rückwirkend auf verschiedene Versionen von gelöschten oder überschriebenen Daten zugegriffen werden. Dropbox zufolge werden Daten ausschließlich in großen Datencentern von Amazon in den USA gespeichert, welche als sehr sicher gelten.

6. Zusammenfassung

Cloud-Computing bietet ein neuartiges Geschäftsmodell, dessen Zeit wohl endgültig gekommen ist. Immer mehr Unternehmen sowie Privatpersonen haben die Vorzüge des Cloud Computings erkannt und wollen davon profitieren. Cloud Service Provider können Anwendungen, Plattformen und Infrastrukturkomponenten bereitstellen, die mit der traditionellen IT konkurrieren.

Die Eigenschaften der Cloud Computing Dienste kann man mit flexibel, skalierbar und dynamisch zusammenfassen. Darüber hinaus haben diese Dienste eine wirtschaftliche Bedeutung für den Anwender. Durch die flexible Nutzung und Bereitstellung ist eine Abrechnung nach dem „pay as you go" Modell möglich, wodurch ein günstiges Preis-Leistungs-Verhältnis entsteht.

Viele Unternehmen haben dennoch Bedenken hinsichtlich bestimmter Sicherheitsaspekte und Abhängigkeiten, weshalb sich das Modell der Public Cloud in Deutschland noch nicht so durchgesetzt hat wie erwartet. Laut Bitkom verwenden lediglich 6% (Stand: März 2012) deutscher Unternehmen eine Public

Cloud. Jedoch sind diese mit den Diensten sehr zufrieden, weshalb mit weiterem Zuwachs zu rechnen ist. Die Private Cloud erfreut sich hingegen schon größerer Beliebtheit, so wird sie bereits von 27% der Unternehmen in Deutschland verwendet. [Bitkom, 16.05.2012]

In nicht allzu ferner Zukunft wird IT-as-a-Service eine entscheidende Rolle in der IT-Landschaft spielen. So könnten sich schon bald viele Unternehmen in Bezug auf ihre Informationstechnologien an der Philosophie der Tuareg, einem nomadischen Volk der Sahara, orientieren und den folgenden Leitsatz beherzigen:"Nur wer wenig besitzt ist wirklich frei".

7. Literaturverzeichnis

- Baun Christian, Marcel Kunze, Jens Nimis, Stefan Tai: Cloud Computing –
  Web-basierte dynamische IT-Services, 2011.

- Bitkom, Jedes vierte Unternehmen nutzt bereits Cloud Computing
  URL: http://www.bitkom.org/de/presse/8477_71446.aspx, 01.06.2012

- Böhm Markus, Stefanie Leimeister, Christoph Riedl, Helmut Krcmar,
  Technische Universität München: Cloud Computing: Outsourcing 2.0 oder
  ein neues Geschäftsmodell zur Bereitstellung von IT-Ressourcen. In: IM –
  Die Fachzeitschrift für Information Management und Consulting(München),
  Nr. G 9765F1, S. 8, 2009

- Cloud Computing mit IBM – Plan, Build & Deliver
  URL: http://www-05.ibm.com/de/cloud/ , 17.05.2012

- Dropbox - Preisübersicht
  URL: https://www.dropbox.com/pricing, 01.06.2012

- Dropbox - Sicherheitsüberblick
  URL: https://www.dropbox.com/terms#security, 28.05.2012

- Dropbox – Datenschutzrichtlinien
  URL: https://www.dropbox.com/privacy, 25.05.2012

- Foster Ian and Carl Kesselman: The Grid 2 – Blueprint for a New
  Computing Infrastructure, 2003

- Kornel Terplan, Christian Voigt, Cloud Computing, 2011

- National Institute of Standards and Technology,
  URL: http://csrc.nist.gov/publications/nistpubs/800-_145/SP800-_145.pdf,
  22.05.2012

- Trusted Cloud, Trusted Cloud – Auf einen Blick
  URL: http://www.trusted-cloud.de/de/index.php, 01.06.2012

- Weber Mathias et al.: Bitkom Leitfaden: Cloud Computing Evolution in der Technik, Revolution im Business, 2009.

- Wikipedia, Cloud Computing
  URL: http://de.wikipedia.org/wiki/Cloud-Computing, 19.05.2012

- Wikipedia, Dropbox
  URL: http://de.wikipedia.org/wiki/Dropbox, 20.05.2012

- Windows Azure, Developer Center
  URL: http://www.windowsazure.com/de-de/develop/overview/, 18.05.2012

Abildungen

- Abb. 1: IaaS-Anbieter: Christian Baun, Marcel Kunze, Jens Nimis, Stefan Tai: Cloud Computing – Web-basierte dynamische IT-Services, 2011, S.33

- Abb. 2: IaaP-Anbieter: Ebd. S. 36

- Abb. 3: IaaS-Anbieter: Ebd. S. 38

- Abb. 4: Grundlegende Servicekonzepte URL: http://www.ict-group.net/tl_files/images/ict-cloud/ICT-Cloud-Pyramide.png, 17.05.2012

- Abb. 5: Organisationsformen des Cloud Computings: Christian Baun, Marcel Kunze, Jens Nimis, Stefan Tai: Cloud Computing – Web-basierte dynamische IT-Services, 2011, S.28

- Abb. 6: lokaler Dropbox Ordner: lokaler Ordner des Autors

- Abb. 7: Dropbox über Webbrowser: Webbrowser des Autors